TODOS SOMOS
PARIENTES

Todos los humanos somos parientes, porque tenemos el mismo origen.
Somos descendientes de los primeros seres humanos modernos, que aparecieron en África.

Te proponemos un viaje en el tiempo, desde el nacimiento del universo y las estrellas, para conocer cómo se formaron el sistema solar, la Tierra y la Luna, y descubrir cómo fue posible la vida en la Tierra.

Una vida que comenzó con organismos sencillos, parecidos a las bacterias actuales, y que se fue haciendo más compleja, hasta que aparecieron unos homínidos parecidos a nosotros.
Finalmente, llegaron los seres humanos modernos y se esparcieron por todo el planeta.

Una línea temporal y varios mapas nos ayudarán a orientarnos en este descubrimiento del origen de la vida y de la historia de los seres humanos.

En este libro conoceremos la historia de la Tierra y la historia común de los seres humanos.

EL ESCENARIO

Los científicos dicen que el universo comenzó
con una **gran explosión**.
Con el tiempo, las chispas que se generaron formaron
las estrellas, y finalmente el sistema solar,
la Tierra y la Luna.

Esta gran explosión se llama ***big bang***. Fue tan grande que se formó una inmensa nube de polvo supercaliente. La nube crecía y, de hecho, ¡todavía está creciendo! Ese polvo, el espacio y el tiempo forman el universo.

Pero volvamos al principio: cuando aquel primer polvo caliente se empezó a enfriar, se crearon pizcas de materia. Así nacieron los **átomos**, que son las partículas más pequeñas, de las que están formados todos los objetos y todos los seres vivos. ¡Los átomos más pequeños solo tardaron tres minutos en formarse!

Al cabo de mucho tiempo, los átomos se acumularon en elementos cada vez más grandes y brillantes, iy así se formaron las **estrellas**!

¿Sabes cuántas estrellas hay en el universo?
Las estrellas son de los cuerpos más grandes que hay en el universo. Se calcula que hay tantas como granos de arena en todas las playas de la Tierra.

¿Te imaginas cómo de pequeños son los átomos?
¡Son de las cosas más pequeñas del mundo! En un cabello humano puede haber casi 500 000 átomos, iuno al lado del otro!

EL
SISTEMA SOLAR

Unos ciento ochenta millones de años después del big bang, se formaron las primeras estrellas. Atraían materia hasta que se hacían lo suficientemente grandes y estallaban en rocas que ya no brillaban. Todo giraba muy deprisa, y, alguna vez, cuando las rocas chocaban se quedaban pegadas del golpe. Y así, poco a poco, se fueron formando los **planetas**. Y, con el tiempo, ¡se formó el **sistema solar**!

Las rocas que todavía circulan por el espacio son cometas, meteoritos y asteroides.

¡El **universo** es muy viejo! Sobre todo si lo comparamos con el sistema solar. Si el universo fuese una persona de catorce años, ¡el sistema solar no tendría aún ni cinco! En la línea temporal se puede ver la proporción.

Big bang

Hace 14 000 000 000 años

¿Qué son los meteoritos?

¿Qué son los asteroides?

¿Qué son los cometas?

¿Sabes a qué distancia del Sol están los planetas del sistema solar?

Millones de km	
Mercurio	60
Venus	110
Tierra	150
Marte	225
Júpiter	775
Saturno	1450
Urano	2900
Neptuno	4500

¡Están muy lejos! Para hacerte una idea, puedes dibujar todos los planetas y recortarlos. Después, con una regla, colócalos a la distancia que ves en la tabla, pero en vez de millones de kilómetros, cuenta solo milímetros.
¿Dónde está cada planeta? ¿Dónde está situado Neptuno?

Sistema solar

Hace 4 600 000 000 años

Ahora

EL TERCER PLANETA

La **Tierra** es el tercer planeta del sistema solar más cercano al Sol. Aun así, ya has visto que está muy lejos.

SI QUISIERAS IR AL SOL, ¿CUÁNTO TARDARÍAS?

La Tierra está a la distancia óptima del Sol para que haya agua en tres estados: en forma de hielo, de líquido y de vapor. ¿Sabes cómo puedes ver agua en forma de vapor? Pues cuando hierve. O cuando se empañan los cristales por condensación.

Hace 4 600 000 000 años

La Tierra no está parada. Cuando gira sobre sí misma, ese movimiento crea el día y la noche. Es el movimiento de **rotación**. Al mismo tiempo, también da vueltas al Sol. En dar una vuelta entera tarda todo un año, y en ese tiempo se van sucediendo las **estaciones**. Este movimiento se llama **traslación**.

De girar tan rápido, la Tierra se ha ido redondeando. Pero, ¿dirías que es redonda? ¡Pues no del todo! Cuando la Tierra era joven, los meteoritos y asteroides fueron chocando con ella y la abollaron un poco.

Ahora

LA
TIERRA

La Tierra está hecha de distintos materiales, unos más ligeros y otros más pesados. Como lleva tanto tiempo girando, el material más pesado se fue quedando en el centro, y el más ligero se fue desplazando hacia la superficie.

La **corteza** es la capa exterior de la Tierra, que cubre el fondo marino y hace que se muevan los continentes. Parece que esté parada, pero se mueve poco a poco. Como empuja con tanta fuerza, ¡a veces se arruga y forma montañas! ¡Nosotros notamos cuando la corteza se mueve porque provoca **terremotos**!

En la formación de la Tierra, los elementos más pesados fueron hacia el centro, y así se formó el **núcleo**. Como está lleno de hierro, la Tierra es un **imán** enorme, ¡con tanta fuerza que se puede notar desde el espacio! La fuerza magnética no se ve, pero las brújulas (y algunos animales) la detectan.

¿Sabías que la ballena, el salmón y los pájaros pueden detectar la fuerza del enorme imán de la Tierra? Cuando se desplazan, ¡se orientan como si tuvieran una brújula!

Al rodar, los elementos más ligeros fueron hacia la parte de fuera. Los gases crearon la **atmósfera**, que es fundamental para la vida. Nos permite respirar y nos protege de las radiaciones del Sol y del espacio. Y también mantiene la temperatura del planeta estable.

Entre la corteza y el núcleo está el **manto** terrestre. Tiene una parte sólida, cerca del núcleo, y una parte fluida, donde hay lava incandescente comprimida. Por eso, cuando encuentra una rendija en la parte superior se escapa, iy allá por donde sale forma un **volcán**!

¿Cuántos volcanes hay en el mundo?
En la Tierra hay unos 1500 volcanes. iY entre diez y veinte de ellos lanzan material al aire todos los días!

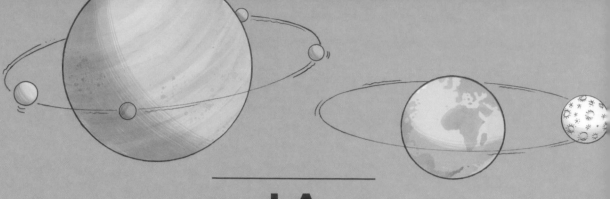

LA LUNA
Y LA TIERRA

La Luna es el **satélite** de la Tierra. Muchos planetas del sistema solar tienen satélites, pero son mucho más pequeños que el planeta al que pertenecen. Solo la Luna tiene una medida tan similar a la de la Tierra. Y eso es crucial.

¿POR QUÉ LA LUNA ES CRUCIAL PARA LA TIERRA?

La Luna mide aproximadamente una cuarta parte de la Tierra, y eso tiene consecuencias. Gracias a la Luna, los océanos tienen mareas. La Luna hace que la Tierra gire más despacio ahora que cuando se formó: la frena.

Si la Luna no estuviera, la Tierra oscilaría más y los polos norte y sur podrían llegar donde está el ecuador. ¡Menudos cambios habría!

Hace 4 600 000 000 años

¿SABES CÓMO SE FORMÓ LA LUNA?

Cuando la Tierra era muy joven, chocó contra ella un gran asteroide (al que se a llamado Thea) ¡y le arrancó un trozo! Los fragmentos del golpe se acabaron juntando y crearon la **Luna**.

SOL-TIERRA-LUNA

El Sol es 109 veces más grande que la Tierra. Y la Luna mide casi una cuarta parte de nuestro planeta. La distancia de la Tierra al Sol es 400 veces más grande que la distancia de la Tierra a la Luna.

Ahora

JUEGOS DE LUCES

La Luna no tiene luz propia, brilla porque refleja la del Sol. Y como gira alrededor de la Tierra, cada día la vemos iluminada de una manera diferente.

A veces vemos la Luna entera, a veces solo vemos la mitad, y otras veces ni siquiera la vemos. Las diversas formas en que la vemos son las **fases de la Luna**.

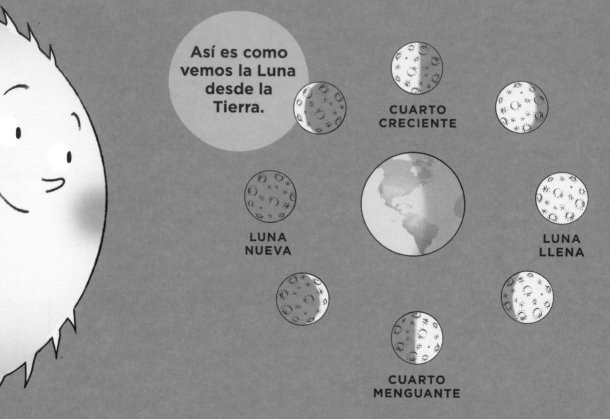

Así es como vemos la Luna desde la Tierra.

CUARTO CRECIENTE

LUNA NUEVA

LUNA LLENA

CUARTO MENGUANTE

La Luna puede estar llena o nueva, creciente o menguante. Son distintas formas en que la vemos gracias al Sol. ¡Pero la Luna siempre está entera!

El día que la Luna está llena, sale en el momento en que el Sol se pone. Al día siguiente, sale casi una hora más tarde, y así cada día hasta que han pasado veintinueve y la volvemos a ver llena. Por eso a veces la podemos ver de día.

LOS ECLIPSES

Otro juego de luz y sombras entre la Luna, la Tierra y el Sol son los **eclipses**, que se producen cuando el Sol, la Luna y la Tierra están alineados.

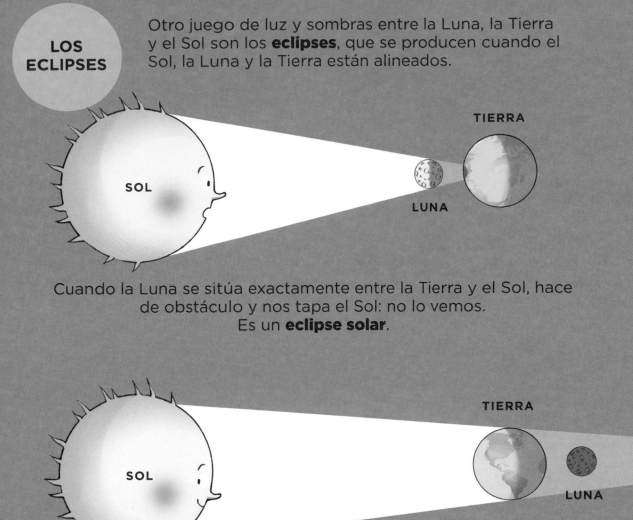

Cuando la Luna se sitúa exactamente entre la Tierra y el Sol, hace de obstáculo y nos tapa el Sol: no lo vemos.
Es un **eclipse solar**.

Cuando la Tierra se sitúa entre la Luna y el Sol, el planeta tapa la luz a la Luna y no la vemos. Entonces hay un **eclipse de Luna**.

LA CARA OCULTA DE LA LUNA

Cuando la Luna gira alrededor de la Tierra, siempre vemos la misma cara, que está llena de cráteres debido al choque de los meteoritos.

La cara de la Luna que no vemos hay quien la denomina «cara oscura», pero no es correcto. ¿Sabes por qué?

LA VIDA

En la Tierra aparecieron **organismos vivos** que, con el tiempo, se fueron diferenciando y dieron lugar a la enorme diversidad de organismos vivos que hay en el planeta.

Cuando la Tierra tenía casi mil millones de años, ya no chocaba con tantos meteoritos y se volvió un planeta más tranquilo. ¡Pero había muchas tormentas intensas con rayos y truenos!

Sistema solar

Vida

Hace 4 600 000 000 años

Hace 3 700 000 000 años

Los océanos, llenos de materia, parecían una especie de **sopa**. Y como todo se movía, a veces algunas partículas chocaban y se quedaban pegadas: así, estos grumos se hicieron más grandes. Llegó un momento en que algunos grumos de esta materia quedaron rodeados por una **membrana**. Como si fueran «bolsitas» llenas de materia.

Sin embargo, en esas «bolsitas» entraba material de fuera; por tanto, se podría decir que **«comían»**. Y también expulsaban otro material, como si **hiciesen caca**.

Estas «bolsitas» se conocen con el nombre de *células*, y puede decirse que fueron los primeros organismos vivos. ¡Eran pequeñísimos!

Cuando estas «bolsitas» eran lo suficientemente grandes, se dividían y se formaban dos iguales.

Ahora

LA ATMÓSFERA
CAMBIA

Cuando apareció la **vida**, la Tierra era muy diferente de como es ahora. ¡Tan diferente que nosotros no podríamos sobrevivir en ella!

Ahora bien, mil millones de años después de que apareciese la vida, hubo un **cambio radical**. Algunos organismos empezaron a expulsar oxígeno, ¡y expulsaron tanto que cambiaron la atmósfera de la Tierra!

Sistema solar

Vida

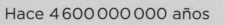

Hace 4 600 000 000 años   Hace 3 700 000 000 años

A muchos organismos que vivían entonces este cambio les sentó fatal, porque el oxígeno les resultaba tóxico, pero facilitó que nosotros pudiésemos vivir mucho tiempo después, ¡porque desde entonces el aire es parecido al que hoy nos permite respirar!

ORGANIZARSE

Los primeros organismos de hace dos mil millones de años se parecían a las **bacterias** de ahora. Estaban formados por una sola célula que tenía que hacerlo todo: respirar, comer, hacer caca, dividirse... como si fuese una casa sin paredes.
Pero, más adelante, las células formaron **compartimentos**, como si pusieran paredes en la casa. Así, su información genética (las instrucciones para hacer otro ser vivo) quedó protegida dentro de un **núcleo**.

Y aún hubo más cambios. Hace mil millones de años, ¡los organismos se pusieron a trabajar juntos! Las células aprendieron a mantenerse pegadas. Y unas se encargaron de respirar, otras de comer, otras de desplazarse...

De esta manera aparecieron los **organismos multicelulares**, ¡como los animales!

Sistema solar

Vida

Hace 4 600 000 000 años   Hace 3 700 000 000 años

Los animales empezaron siendo formas muy sencillas que solo filtraban agua, como las esponjas y las medusas que todavía viven ahora.

Más adelante, aparecieron animales que se comían a otros animales. Así que las presas tuvieron que aprender a huir para que no se las comieran, y los depredadores tuvieron que aprender a perseguirlas y a cazarlas si querían cenar.

Células con núcleo

Organismos con muchas células

Primeros animales

Hace 1 000 000 000 años

Ahora

ce 2 700 000 000 años

Hace 700 000 000 años

FUERA DEL AGUA

Hasta hace cuatrocientos cincuenta millones de años, todos los organismos vivían en el océano. La Luna provocaba fuertes mareas, que hacían subir y bajar el nivel del agua en las playas mucho más que ahora.

A veces, algunos organismos eran arrastrados fuera del agua. Poco a poco, se adaptaron a vivir en tierra firme. Primero crecieron **plantas** parecidas a los musgos; luego, plantas con raíces, troncos y ramas.

Cuando hubo plantas fuera del agua, ¡los **animales** ya tuvieron qué comer! Los primeros que vivieron en tierra firme fueron los **anfibios**, que podían estar un rato fuera del agua. Luego aparecieron los **reptiles**, que se podían alejar de la costa porque ponían los huevos fuera del agua. Y hace más de doscientos millones de años, ¡aparecieron los **dinosaurios**!

¿SABES POR QUÉ SE HAN ENCONTRADO HUELLAS DE DINOSAURIO EN TODO EL MUNDO?

Pero hace ahora sesenta y cinco millones de años, cayó en la Tierra un **meteorito** que cambió la suerte de los seres vivos. ¡El impacto levantó tanto polvo que tapó la luz del Sol! Sin Sol, las plantas no podían crecer. Sin plantas tampoco hay herbívoros, y sin herbívoros no hay carnívoros. Y los grandes dinosaurios, desde los estegosaurios hasta el Tyrannosaurus rex, **se extinguieron**.

¿CUÁL ES EL MAMÍFERO MÁS PEQUEÑO? ¿CUÁL ES EL MAMÍFERO MÁS GRANDE?

LOS
MAMÍFEROS

Cuando los dinosaurios desaparecieron, en la Tierra ya había **mamíferos**. Eran más bien pequeños. Pero tenían un esqueleto, sangre caliente, pelo, y nada más nacer su madre los amamantaba.

Como los dinosaurios dejaron espacio libre, los mamíferos se pudieron repartir por todo el planeta: había mamíferos en la tierra, el mar y el aire, ¡y de todos los tamaños!

En las zonas tropicales, donde hace mucho calor y crecen muchos árboles, se estableció un grupo de mamíferos muy especial: los **primates**.

Como los primates vivían en los árboles, empleaban mucho las manos. Además, tenían los ojos en la parte frontal de la cara y eso les permitía ver la rama de la que tenían que agarrarse.

Mientras pasaba todo eso, la Tierra adquiría el aspecto que tiene ahora.

Hace unos cinco millones de años, el clima de la Tierra cambió y se volvió más seco. Por eso, en el este de África, una buena parte de la selva pasó a ser sabana, donde hay muchos menos árboles.

CAMINAR ERGUIDOS

Sin árboles, algunos primates aprendieron a **caminar erguidos**. Esto se sabe porque se encontraron los huesos de una **homínida**, a la que los científicos pusieron el nombre de **Lucy**. A los homínidos parecidos a ella los llamamos **australopitecos**.

Lucy vivió hace más de tres millones de años. A pesar de ser adulta, no era muy alta, ¡tenía la altura de una niña de nueve años!

Lucy y sus parientes vivían en el este de África.

Sistema solar

Vida

Hace 4 600 000 000 años

Hace 3 700 000 000 años

¿CÓMO SABEMOS QUE CAMINABAN ERGUIDOS?

La cara de Lucy también era diferente a la nuestra: tenía el hocico marcado y el cráneo cuatro veces más pequeño que el nuestro.

Para dormir, parece que hacía nidos en los árboles. De día, bajaba a la tierra a buscar comida: fruta, ratones... Sabemos lo que comían porque deja marcas en los dientes, ¡el material más duro de los fósiles!

Células con núcleo

Organismos con muchas células

Primeros animales
Dinosaurios
Primates
Lucy

Hace 3 000 000 años

ce 2 700 000 000 años

Hace 1 000 000 000 años

Hace 700 000 000 años

Ahora

HACERSE HUMANOS

El desarrollo del cerebro de los homínidos favoreció que aprendieran a fabricar herramientas y a hacer fuego. Estas habilidades cambiaron la historia de los seres humanos.

Hace unos dos millones y medio de años, aparecieron en África otros homínidos que aprendieron a **fabricar herramientas** de piedra. Los científicos los llamaron **Homo habilis**.

Con herramientas era mucho más fácil cazar animales y prepararlos para comer la carne. Estos grupos, que se alimentaban mejor, vivían mejor. Y las poblaciones que siguieron estos hábitos se hicieron más altas y el **cerebro** les creció más.

Los **Homo habilis** vivieron en distintos lugares de África. ¡Caminaban mucho!

Lucy — Hace 3 000 000 años

Homo habilis — Hace 2 500 000 años

Homo erectus — Hace 2 000 000 años

Más tarde, **hace unos dos milones de años**, también en África, vivieron otros homínidos a los que los científicos llamaron *Homo erectus*. Eran tan altos como nosotros. Y también tenían el cerebro mucho más grande que el de otros homínidos: cerca de dos terceras partes del nuestro.

Los *Homo erectus* aprendieron a dominar el **fuego**. Eso significa que sabían encenderlo siempre que lo necesitaban. Desde entonces, y ya para siempre, el fuego los acompañó. Es posible que la primera vez que alguien comió carne asada fuera después de un incendio. ¡Se dieron cuenta de que la carne cocinada estaba mucho más rica y era más fácil de masticar!

Los *Homo erectus* vivieron mucho tiempo, ¡desde hace dos millones de años hasta hace aproximadamente trescientos mil!

El fuego también permite calentarse. Por eso, pudieron extenderse desde África hasta Oriente Próximo, Asia y Europa.

Fuego

Hace 400 000 años   Ahora

TIEMPO DE
GLACIACIONES

La temperatura de la Tierra ha cambiado mucho a lo largo de su historia. A veces ha sido más cálida y otras veces más fría. ¡Tan fría, que en algunos periodos llegó a helarse gran parte del planeta! Los **neandertales** vivieron durante la última **glaciación**.

Los neandertales se parecían a nosotros, pero tenían más fuerza: ¡tenían que tenerla para poder sobrevivir al frío! Y eran muy valientes, ¡cazaban mamuts con lanzas!

Lucy

Homo habilis

Homo erectus

Hace 3 000 000 años   Hace 2 500 000 años   Hace 2 000 000 años

También cuidaban los unos de los otros. Cuando uno de ellos se quedaba cojo y no podía seguir el camino, los demás le esperaban. Lo sabemos porque se encontró un fémur que se había roto y se había vuelto a soldar. Si no le hubiesen ayudado, ¡cojeando no habría podido sobrevivir!

Los neandertales vivieron en Oriente Próximo y en Europa. Se extinguieron hace treinta mil años, y los últimos vivieron en la península ibérica, concretamente en Gibraltar.

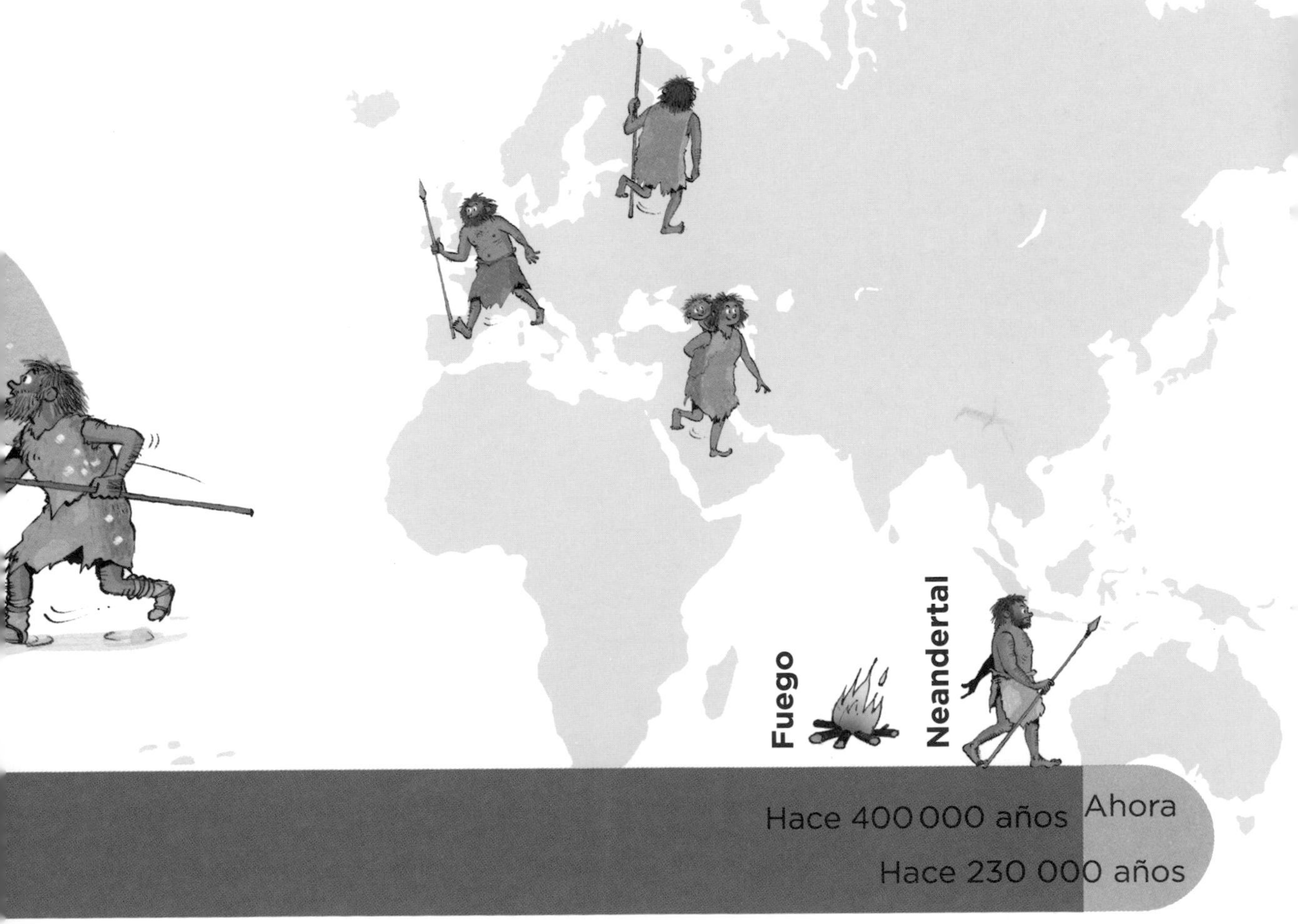

Fuego

Neandertal

Hace 400 000 años   Ahora

Hace 230 000 años

adornos

azagayas

agujas

puntas

buriles

Las herramientas de hace cincuenta mil años eran mucho más pequeñas y finas que antes, y permitían hacer trabajos más precisos.
Ponían las **azagayas** en las puntas de las lanzas. Con los **buriles**, suavizaban las pieles que cosían con las **agujas**. También se adornaban con **collares** hechos con conchas de moluscos.
¡Se ve que las joyas siempre nos han gustado!

Lucy

Homo habilis

Homo erectus

Hace 3 000 000 años   Hace 2 500 000 años   Hace 2 000 000 años

Los **humanos modernos** aparecieron en África **hace unos ciento cincuenta mil años**. Los llamaron *Homo sapiens*. Eran muy parecidos a nosotros y todos tenían la piel oscura.

EL ORIGEN AFRICANO

Nuestros antepasados fabricaban herramientas de piedra, hueso y madera. Sabían encender un fuego y hacían objetos artísticos: pinturas y esculturas. También **hablaban**. Seguro que los homínidos que vivieron antes que ellos también decían cosas, pero es muy distinto avisar de un peligro con un grito que tener una conversación, ¿verdad?

Fuego

Neandertal

Homo sapiens

Hace 400 000 años   Ahora

Hace 230 000 años

Hace 150 000 años

¡A CAMINAR!

Las **herramientas**, el **fuego** y la **curiosidad** hicieron que nuestros antepasados se pusieran a caminar y que, con el tiempo, llegasen a todos los rincones del planeta. Caminaron miles y miles de kilómetros. Atravesaron ríos y montañas. Y algunos navegaron por el mar. ¡Tardaron muchos años en conseguirlo!

40 000 km

Por el camino, se paraban a comer y a dormir. ¡Y también nacían niños y niñas! Si en un sitio estaban bien, se quedaban una temporada, o para siempre; mientras que otros seguían el camino y exploraban nuevos territorios.

En este mapa se representan los caminos que siguieron y cuántos años hace.

150 000 años
60 000 años
40 000 años
30 000 años
20 000 años
15 000 años
5 000 años
2 000 años

Hoy día es mucho más fácil desplazarse, pero entonces era una proeza. Y nuestros antepasados lo hicieron y les fue bien: la prueba somos nosotros, sus descendientes.

Ahora ya sabemos que **los humanos salieron de África** y que se fueron dispersando por la Tierra. Como llegaban a zonas que no conocían, tuvieron que aprender a buscar comida y lugares para vivir. Inventaron utensilios para hacerse la vida más fácil, como la rueda.

POR TODO EL PLANETA

Con el paso del tiempo, las poblaciones humanas se fueron volviendo diferentes según el lugar de la Tierra donde se quedaran a vivir.

¡Para saber qué pasó en la época de la formación de las civilizaciones todavía nos queda mucha historia que explicar! ¿Quieres investigar la historia de las poblaciones humanas? ¡Tú también puedes investigar y descubrirla!

¿Dirías que estos dos grupos tienen un origen común? ¡Pues sí que lo tienen! Mira cómo puede ser:

TODOS SOMOS
PARIENTES